Para:

De:

Título original: Thank You for Being You
Texto original: Paula Finn
Edición original: C.R. Gibson Company, Norwalk, Connecticut
Traducción: Lidia María Riba
Dirección de arte: Trini Vergara • Diseño: María Inés Linares

www.libroregalo.com

ARGENTINA: Demaría 4412, Buenos Aires (C1425AEB)
Tel./Fax: (54-11) 4778-9444 y rotativas
e-mail: editoras@libroregalo.com

MÉXICO: Av. Tamaulipas 145, Colonia Hipódromo Condesa
CP 06170 - Delegación Cuauhtémoc, México D. F.
Tel./Fax: (5255) 5220-6620/6621 • 01800-543-4995
e-mail: editoras@vergarariba.com.mx

ISBN: 978-987-9201-60-2

Impreso en China por Ava Books Production Pte. Ltd., Singapore. Printed in China.

Finn, Paula
Gracias por tu amor - 2ª ed.
Buenos Aires: V&R, 2006.
48 p.: il.; 18x13 cm.

ISBN 978-987-9201-60-2

1. Narrativa Estadounidense. I. Título
CDD 813

Gracias por tu amor

Fotografías de

Kim Anderson

Textos de Paula Finn

V&R Editoras

Tu amor es para mí muy especial: siempre puedo ser yo misma contigo y me aceptas así.

A tu lado nunca deberé reír cuando sienta deseos de llorar, ni callarme cuando necesite hablar, ni permanecer en calma cuando esté perturbada, o positiva cuando necesite quejarme.

Y mi mayor alegría es la certeza de que cuando necesite un amigo... jamás estaré sola.

Compartiendo nuestros miedos
nos volveremos más valientes.
Compartiendo nuestras pérdidas
nos enriqueceremos.
Compartiendo nuestros errores
seremos más sabios.

Dándonos uno al otro,
jamás estaremos solos.

Nacimos para estar juntos.

Puedo contarte todos los sucesos
de mi día: ciertas cosas triviales
te parecerán graciosas,
o conmovedoras, o interesantes,
sólo porque me ocurrieron a mí.

Sabes cuándo necesito
tu ayuda o tu consejo,
y cuándo necesito solamente
saber que te preocupas.

Eres una de esas personas
que valoran los pequeños gestos:
la palabra dicha a tiempo,
un abrazo cálido si algo me entristece,
recuerdas todas las fechas importantes de mi vida
y el gusto de mi helado favorito:
los mejores regalos que me haces
son los que no tienen precio.

Sucede pocas veces
que nos sintamos seguros con alguien
y derribemos nuestras defensas…
y nos arriesguemos a ser nosotros mismos,
demostrándole la importancia
que tiene en nuestra vida
y que todo nos parece vacío sin su presencia.

Te necesito...
y confío tanto en ti que puedo decírtelo.

Me escuchas sin juzgarme,
me sostienes sin presionarme,
me aprecias como soy sin compararme.

Me alientas en mis metas
y en mis sueños, y colaboras siempre
para que mis luchas se transformen
en triunfos.

Es tan fácil hablar contigo,
tan fácil sentirse cerca de ti
y tan fácil amarte.

Tu apoyo ha profundizado mi confianza,
tu modo de ver las cosas
ha iluminado mis puntos de vista,
y tu coraje me ha conducido más cerca
de mis sueños.

Siempre has estado allí para escuchar,
para comprender... y para ayudarme a crecer.

Tu compañía significa tanto en mi vida.
Te unes a mi felicidad como si fuera tuya.
Y sientes mi dolor compartiéndolo conmigo.

Gracias por comprenderme,
aceptarme
y amarme como soy.

Puede, tal vez, sonar muy simple
pero es tan importante para mí decirte
que me siento bien contigo.
No tengo que preocuparme acerca de cómo luzco,
o cómo se interpretan mis palabras.

No necesito ensayar ni analizar
nuestras conversaciones: cuando hablamos
puedo contarte mis pensamientos.

Me siento bien contigo.
Suena muy simple pero significa tanto...

Sabes cuándo quiero estar seria,
y cuándo quiero jugar.
Estando a tu lado puedo expresar libremente
mi verdadero humor.
Si no me siento feliz o positiva o enérgica
no me obligas a actuar
pretendiendo algo distinto.
Valoras mis logros y aceptas también mis fallas.
Me amas tal cual soy.

Tu carácter sereno me ha ayudado
a tratar a otros, y a mí misma, más amablemente.
Te fijas en mis cualidades
y pasas por altos mis defectos...
siempre encuentras algo en mí
que puede ser elogiado.

Me das mucho más de lo esperado
y esperas mucho menos de lo que mereces.

Eres tan fuerte
que puedes admitir tu debilidad.
Tan valiente
que puedes expresar tus miedos.
Libre para reír
y tan humano para llorar.

Mi vida se enriquece
de tantas formas
por tu presencia,
porque en ti he encontrado al amigo
que siempre he deseado...
y el amor que siempre necesitaré.

Nos une el interés por tantas cosas…
a tu lado la vida parece a veces un juego.

Pero no nos separan
nuestras aficiones diferentes:
sabemos comprender y respetar
cada uno el mundo del otro.

Juntos hemos reído y llorado,
compartido amaneceres y tormentas...
hemos celebrado días felices
y nos hemos ayudado a atravesar
largas noches de dificultades.

Tu apoyo ha hecho mis triunfos más destacados
y mis pérdidas más fáciles de soportar.

Te admiraré también
cuando tú ganes
y compartiré tu dolor cuando pierdas...

Siempre, te aceptaré por lo que eres
y no por lo mucho o poco que logres.

Me esforzaré por ver lo mejor de ti
y disculparé tus faltas.

No espero la perfección
en ninguno de nosotros.

En las mañanas que compartiremos
quisiera intuir tus necesidades,
comprender tus preocupaciones,
ser paciente con tus errores
y aliviar tu dolor...
para poder darte tanto de mí
como necesites...

y todo el amor
que mereces.

Contigo la vida es emocionante.
Contigo puedo ser yo misma.
Contigo me siento valorada.
Contigo me divierto.
Contigo soy más feliz que nunca.
Gracias por tu amor.

Otros libros para regalar

CONFÍA
EN TI

A MI
HERMANA

SEAMOS SIEMPRE
AMIGAS

NACIMOS PARA
ESTAR JUNTOS

POEMAS PARA
ENAMORAR

PARA EL HOMBRE
DE MI VIDA

POR QUÉ
TE QUIERO

LA MARAVILLA
DE LA AMISTAD

TODO
ES POSIBLE

PUEDES SER
LO QUE SUEÑAS

PASIÓN POR
LOS DEPORTES

PARA UNA GRAN
MUJER

DISFRUTA
TUS LOGROS

PARA UN HOMBRE
DE ÉXITO

POR NUESTRA
AMISTAD

¡Tu opinión es importante

Escríbenos un e-mail a **miopinion@libroregalo.com**
con el título de este libro en el "Asunto".